JOSÉ FERRADA · ANA PENYAS

mexique

EL NOMBRE DEL BARCO

LIBROS DEL ZORRO ROJO

Por la noche cierro los ojos y siento cómo las olas golpean.

Creo que algo le dicen al barco.

Mexique, así se llama.

¿Sabrán eso las olas?

¿Guardará el mar el nombre de todos los barcos?

No recuerdo bien dónde está el país al que iremos,

pero queda lejos.

Estaremos allí hasta que todo se calme.

Tres o cuatro meses.

Como unas vacaciones un poco largas. Eso dijo mi mamá.

Mi mamá que cuando se despidió dijo: «mi niño».

1, 2, 3…

78, 79, 80…

221, 222, 223…

312, 313, 314…

409, 410, 411…

456 niños y niñas a bordo.

La guerra es un ruido fuertísimo.

La guerra es una mano enorme que te sacude y te arroja dentro de un barco.

Zarpamos y los adultos se quedan en la orilla hasta volverse minúsculos.

Padres, madres son ahora estrellas que se miran de lejos,

fuegos que alguien encendió hace un millón de años.

Me quedo atrás, pero una mano me sujeta.

Una mano que termina en el cuerpo de una niña.

Porque están los mayores y estamos los pequeños.

Los pequeños nos sujetamos a hermanas que antes no teníamos.

Mi familia tiene once o doce años.

Se llama Clara.

A veces cantamos.

Comienza uno y seguimos los demás.

Las canciones brotan como flores.

Las canciones siempre estuvieron en los bolsillos,

entre la poca ropa que llevamos.

¿Qué es la república?

La república es una casa.

La república es un puño que se levanta. Un pájaro.

Existen guerras grandes y guerras pequeñas.

(456 niños y niñas a bordo.)

Porque están los grandes y estamos los pequeños.

Y las maletas de los grandes crecen.

Las de los pequeños menguan,

así como la luna que miramos desde la noche del barco.

¿Será la misma luna que alumbraba allá?

¿Será la misma luna que alumbra las ventanas de mi casa?

Algunos lloran. Sobre todo de noche.

Dicen que sueñan con que la tierra se deshace.

Las casas se deshacen y la memoria se les queda en blanco.

Clara, Sonia, Eulalia, María nos despiertan,

dicen que es solo un sueño.

Uno que soñamos varios a la vez.

Clara, Sonia, Eulalia, María, nuestras hermanas,

recogen las lágrimas en pañuelos y por la mañana

las devuelven al mar.

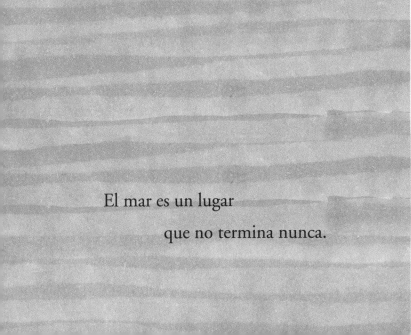

El mar es un lugar

que no termina nunca.

Jugamos a imaginar nuestro destino:

Morelia es un color.

Morelia es el nombre de un animal suave.

Morelia es un fruto.

Nos acercamos.

Lo sabemos porque a lo lejos se agitan pañuelos blancos.

Mirados de lejos, los pañuelos parecen las banderas de un país sin nombre.

Mirados de lejos, los pañuelos blancos parecen estrellas o flores.

En el gentío, agarro fuerte mi maleta.

(Una maleta es también un trozo de tierra, una casa.)

En el gentío, pierdo la mano de Clara.

Avanzamos, pensamos que la guerra quedó atrás.

Pero no es verdad, traemos la guerra en la maleta.

Tres o cuatro meses. Como unas vacaciones, pero largas.

¿Sabrán eso las olas?

¿Guardará el mar la historia de todos los barcos?

El 27 de mayo de 1937, un grupo conformado por 456 niños, hijos de republicanos procedentes de diferentes puntos de España, embarcaron en el *Mexique*, que zarpó de Burdeos rumbo a México.

Allí se refugiarían de la guerra civil que por esos días azotaba las calles. Tres o cuatro meses, eso les dijeron sus padres y madres cuando los abrazaron por última vez. Porque ese era el plan.

El 7 de junio del mismo año descendieron del barco. Los recibieron en el puerto mexicano de Veracruz con pañuelos blancos. Y el viaje continuó en tren hasta Morelia, estado de Michoacán.

Bajaron sin saber que la Historia, esa que se escribe con mayúscula, se encargaría de cambiar los planes y convertirlos en «los niños de Morelia». Y es que la derrota republicana y el inicio de la Segunda Guerra Mundial convirtieron ese breve lapso en un exilio definitivo.

No fue fácil. Lo que en los primeros años se percibía como preocupación y cuidados, con el paso del tiempo se convirtió en extrañeza e incomprensión.

Los niños de Morelia traían consigo el dolor y el trauma de la guerra. El apoyo por parte del gobierno mexicano, que consistió en brindarles educación, alimentarlos y buscarles alojamiento en hogares de acogida, se extendió hasta el año 1948. De ahí en adelante no se sabe con certeza cómo muchos de ellos lograron sobrevivir. Lo que sí sabemos es que el tiempo pasó y la mayoría logró acomodar sus raíces al suelo mexicano, conformar familias y tener, lo que se dice, una vida normal.

Por diferentes razones, el regreso a su país de origen no fue una opción fácil ni posible, pero los pocos que lo intentaron, varias décadas más tarde, se encontraron con un país, con hermanos y con paisajes que ya no reconocían.

¿De dónde son? Tal vez ni ellos mismos puedan responder a esta pregunta. Porque esa es la respuesta que roba el exilio a los niños de Morelia, y a todos los niños y niñas que, empujados por la violencia, abandonan sus países en busca de refugio.

Este libro se centra en la historia de ese viaje y en la esperanza que los impulsa: que, al bajar del barco, el destino les depare una vida digna y en cualquier caso mejor que la que les aguarda en sus hogares, rotos por la guerra. Una vida como la que creemos deben tener todos los seres humanos, especialmente cuando se trata de niños y niñas.

En este libro contamos la historia de un barco, sabiendo que no hay registro de todos los que cada día cruzan el océano, llevando a seres humanos, que tienen la esperanza y, lo más importante, el derecho a una vida sin miedo.

A los niños de Morelia.
Y a todos los que se desplazan en busca de un lugar.

© 2017, del texto: María José Ferrada
© 2017, de las ilustraciones: Ana Penyas
© 2017, Alboroto ediciones

© 2017, de esta edición: Libros del Zorro Rojo / Barcelona – Buenos Aires – Ciudad de México
www.librosdelzorrorojo.com

Dirección editorial: Fernando Diego García / *Dirección de arte:* Sebastián García Schnetzer
Edición: Estrella Borrego / *Corrección:* Sara Díez Santidrián

I S B N : 9 7 8 - 8 4 - 9 4 6 7 4 4 - 6 - 4   Depósito legal: B - 1 5 7 6 2 - 2 0 1 7

Primera edición: septiembre de 2017

Impreso en Barcelona por Índice